Lilo Turek

Wir sind 70 und darüber

Heiteres und Besinnliches
auch für Jüngere

W0380364

micks... verlag

Wir sind 70 und darüber
von Lilo Turek

4. Auflage Dezember 2005
1000 Exemplare
Satz und Gestaltung:
micks, Bünde
Druck: documenteam, Bielefeld
Umschlaggestaltung und
Illustrationen: Lilo Turek

© micks... verlag *32257 Bünde · 05223.61410*

ISBN 3-934700-01-2

Nachdruck - auch auszugsweise -
nur mit Einwilligung des Verlages
gestattet.

Bei Vortrag bitte Autorin und Verlag
angeben.

Lilo Turek

wurde im Juni 1922 in Bad Oeynhausen geboren.
Nach Schulzeit, Arbeitsdienst und Kriegshilfsdienst heiratete sie 1945 und zog mit ihrem Mann Rolf ins Rheinland.
Neben einigen Kurzgeschichten in der „Brigitte", einem Beitrag in dem Buch „Meine Weihnachtsgeschichte" - erschienen im Verlag Lingen, Bergisch-Gladbach, und einem 1. Preis in einem Schreibewettbewerb der Rhein-Zeitung, Koblenz, stellt sie nun dieses Gedichtbändchen vor.
Seit der Pensionierung ihres Mannes im Jahr 1978 lebt Lilo Turek in Emmelshausen im Hunsrück.

Wir sind 70 und darüber

*Heiteres und Besinnliches
auch für Jüngere*

*Gedichte und Zeichnungen
von Lilo Turek*

Wir sind 70 und darüber,
45 wär'n wir lieber.
Doch das ist der Welten Lauf,
irgendwann, da hörste auf.
Vital ist man so lang man jung.
Doch der jugendliche Schwung
geht langsam flöten mit den Jahren,
das hat so mancher schon erfahren.
Vor uns, mit uns, immer weiter,
die nach uns sind auch nicht gescheiter.
An manchen Tagen, was mich wundert,
fühle ich mich nah an 100,
und dann wieder - welch ein Glück -
fühle ich mich jung und schick.
Wenn an frühlingshaften Tagen
mich kein Zipperlein tut plagen,
wenn die Knie leiser krachen,
über's Rheuma kann ich lachen,
Wirbelsäule lässt sich biegen,
- man denkt beinah' ans Kinderkriegen!
Die Frisur hat richtig Schwung,
Mensch, mit 70 biste jung!
Du machst make up, in zarten Farben,
das Sommerkleid - man muss es haben,
in Farbe passend auch die Schuh',
sie kneifen - das gehört dazu.

Du schlenderst über Promenaden,
es zwickt beträchtlich in den Waden.
Man denkt voll Sehnsucht an zu Haus,
an Latschen an und Schuhe aus.
Ans weite Hemd, das sanft kaschiert,
wo Taille nicht mehr existiert.
Man sehnt sich sehr nach stillen Fleckchen,
nach Balkon und Garteneckchen.
Dann wird mir's wieder sonnenklar,
was mir längst schon offenbar:
Wir sind 70 und darüber,
und wären uns auch 40 lieber,
wir müssen's nehmen, wie es ist.
Denn tröstlich ist mir eins gewiss:
Wenn es auch oftmals anders scheine,
wir sind beim Altern nicht alleine,
unsere Männer tun es auch.
Es zeigt sich oft ein kleiner Bauch,
diskret über'm Hosenbund,
überschaubar, aber rund.
Flieht die Haarpracht längst die Stirn,
zeugt das von vorhandenem Hirn.
Nun kommt es, wie es kommen muss
und ich gelange zu dem Schluss:
Wir sind zwar 70 und darüber,
paar Jahre weniger wär'n uns lieber.
Doch haben wir uns trotz Falten
noch ziemlich gut gehalten!

Als vor 40/50 Jahren
unsere Kinder Babys waren,
wir Mütter noch so herrlich jung,
war die Selbstverwirklichung
überhaupt noch nicht modern,
daran zu denken lag uns fern.
Wir lebten einfach und gesund,
versorgten Mann und Kind und Hund.
Auch die bequeme Pamperszeit
lag für uns noch schrecklich weit.
Im persilnen Seifensud
kochte man auf Kohlenglut
Windeln, denn in Stadt und Land
wusch man diese mit der Hand.
Mit Nestle- und Milupa- Breichen,
mit Fertigsäftchen und dergleichen,
mit konservierter Kindernahrung
hatten wir noch null Erfahrung.
Karottenbrei, Gemüsesaft,
bereitet nur mit eigner Kraft,
kostete 'ne Menge Mühe.
Dazu alltäglich in der Frühe
lief man los, um Milch zu kaufen,
oft war es ziemlich weit zu laufen.
Denn Auto - ach, du liebe Güte -
kam erst recht nicht „in die Tüte".

Mit Leuten, die schon eins besessen,
konnten wir uns noch nicht messen.
Ganz allmählich mit der Zeit
war es schließlich dann so weit,
und mit VW aus zweiter Hand
fuhr man sonntags über Land,
was uns rein glückselig machte.
Und wenn dann noch die Sonne lachte,
war'n wir doch wirklich zu beneiden.
Mensch,
was war'n wir so bescheiden.

Wie schwer ist doch des Alters Bürde.
Was gestern noch so einfach war,
ist heute eine hohe Hürde,
die höher wird von Jahr zu Jahr,
die man versucht zu überwinden
verbissen und mit aller Kraft.
Man ist bereit, sich sehr zu schinden
und ist enttäuscht, wenn man's nicht schafft.
Man beneidet oft die Jungen,
die alles soviel lock'rer sehn,
schwelgt zärtlich in Erinnerungen,
an eigne Jugend, die so schön.
Da blühten Wiesen noch viel bunter,
mit Schmetterlingen ohne Zahl,
und Bächlein rauschten klar und munter
von Bergeshöh'n hinab ins Tal.

Es gab noch keine Autobahnen,
von Hektik, diesem neuen Wort,
begann man nicht einmal zu ahnen
und nicht von Stress und von Akkord.
Es gab noch keine Umweltschäden,
Atomkraft war noch nicht in Sicht.
Man kaufte ein in kleinen Läden.
Müllprobleme gab's noch nicht.

Das, was man „Sommerfrische" nannte,
war Urlaub, Ferien, Holiday.
Da besuchte man Verwandte
in Holstein und am Bodensee.

Man fuhr per Bahn, in Bummelzügen,
friedlich, völlig ungestört.
Von „TUI" und „Last-minute-Flügen"
hatte man noch nie gehört.

Das Heute zählt nur für die Jungen,
das Gestern ist vergang'ne Zeit.
Was bleibt, sind nur Erinnerungen
an Jugend und Bescheidenheit.

Herbst

*Sonne sendet milde Strahlen,
rotgefärbte Blätter fallen,
Blumen sind verblüht.
Nur die Dahlien, ach, die schönen
sind - nur um uns zu verwöhnen -
eifrig noch bemüht.
Dicke Regentropfen fallen,
große, graue Wolken ballen
sich am Himmelszelt.
Nebel hüllt den Wald in Schweigen,
grad' als wolle er uns zeigen,
ruhen soll die Welt.
Schwalben sind längst fortgeflogen,
in den Süden abgezogen,
wo noch die Sonne heiß.*

*Ich wollt', ich könnt' mit ihnen ziehen,
dem kalten Winter zu entfliehen
mit Frost, mit Schnee und Eis.
Doch, mein Herz, bleib still ergeben,
so und nicht anders ist das Leben,
mal Trauer und mal Glück.
Einmal kommt der Frühling wieder,
irgendwann blüht auch der Flieder,
und die Schwalben kehr'n zurück.
Wir sind dann wieder ein Jahr älter,
und die Welt ein bisschen kälter.
So verrinnt die Zeit.
Doch wir sollten „danke" sagen
und nicht nach dem Morgen fragen,
denn Morgen ist noch weit....*

Herbstschnupfen

Wie arm ist doch der Mensch mit Fieber
und Husten, Schnupfen, Heiserkeit.
Vitalität ist längst hinüber
in dieser nassen Grippezeit.

Die Nase schwillt zum roten Knollen,
sie trieft dazu noch obendrein,
und Freunde - diese mitleidsvollen -
sagen höchstens „armes Schwein“.

Sie blicken grinsend auf dich nieder,
auch Schadenfreude ist dabei.
„Trink mal ’n Grog, dann wirste wieder!“
Man fühlt sich wie ein rohes Ei.

Es schmerzt der Kopf, der Hals, der Rücken.
Doch Abwehrkräfte sind geweckt,
denn man denkt schon voll Entzücken:
„Ich hab’ euch alle angesteckt!“

Das Leben verrinnt

Das Leben verrinnt
wie Wolken im Wind,
wie ein Quentchen Sand
in der offenen Hand.
Die Zeit läuft dahin,
von des Lebens Beginn,
wie vom Sturm getrieben,
und was ist geblieben?
Wie Glockenklang
und Vogelsang
verklingt das Leben.
Von Gott mir gegeben,
es zu verwalten und hegen,
wie ein Kleinod zu pflegen,
dass am End' aller Dinge
zurück ich es bringe.
Und also - endlich am Ziel -
bin ich ganz still,
füge mich stumm,
und schau' ich mich um,
denk ich zufrieden,
was mir ward beschieden,
was ich hab erfahren
in all den Jahren,
mein Tun und mein Streben,
meine Art zu leben.
Es gab Tränen und Lachen.
Ich würd's wieder so machen.

Klassentreffen

Da hocken sie wie Hühner auf den Stangen
und lächeln mit den Dritten ins Lokal.
Die Füße haben zu schwellen angefangen.
Man verließe gern mal diesen Saal.
Die „Orthopädischen“ hat man zu Haus gelassen,
sie sind behäbig und bequemer auch,
doch weil zum neuen Outfit sie nicht passen,
quält man sich ab - so will’s nun mal der Brauch.
Dass man - klammheimlich zwar und ganz verstohlen -
dem Gegenüber starrt in das Gesicht
durch schicke Brillen, jedoch unverhohlen,
bemerkt das Gegenüber besser nicht.
Denn schließlich interessiert es ungemein,
wie sich die andern wohl gehalten.
Könnte es denn möglich sein,
man hätte selber mehr an Falten?

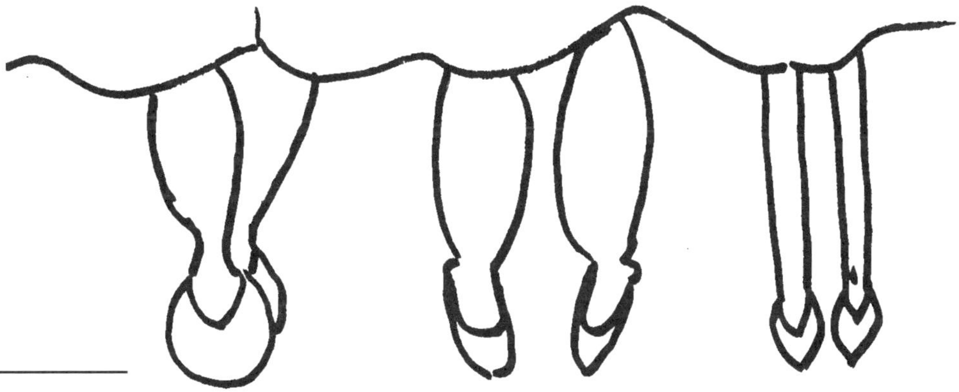

Man merkt an Blicken, die vertraut,
vergleichen tut diskret ein jeder:
Hat sie vielleicht 'ne jüngere Haut
oder gleicht sie Büffelleder?
Die Senkrechtfältchen über'm Lippenbogen
haben alle - wirklich alle - Gott sei Dank -,
wie mit Skalpell hineingezogen,
Dicke wie Dünne, alle durch die Bank.
Die einen haben Größe 38,
sind platt und blass wie 'ne getünchte Wand.
Sie hüten ihre Linie fleißig
und andere hängen über'm Sesselrand.
Sie brauchen eigentlich zwei Stühle,
der Atem rasselt von zuviel Gewicht.
Die Träne quillt so leicht, man kämpft gegen Gefühle,
doch über Krampfgeäder spricht man nicht.
Sie tragen durchweg weiße Haare,
mal mütterlich, mal schick gestylt,
sie gleichen unter'nander sich wie Zwillingspaare,
der liebe Gott hat gleichmäßig verteilt.
Der eigne Typ ist längst dahin gegangen,
es blieb der Einheitsomatyp zurück.
Was soll's, für's Alter muss es langen,
wir hatten alle unser kleines Glück.

Wir haben im Leben einiges erfahren,
es war nicht immer eitel Sonnenschein.
Trotz allem können wir in unseren Jahren
auch für dies Klassentreffen herzlich dankbar sein.

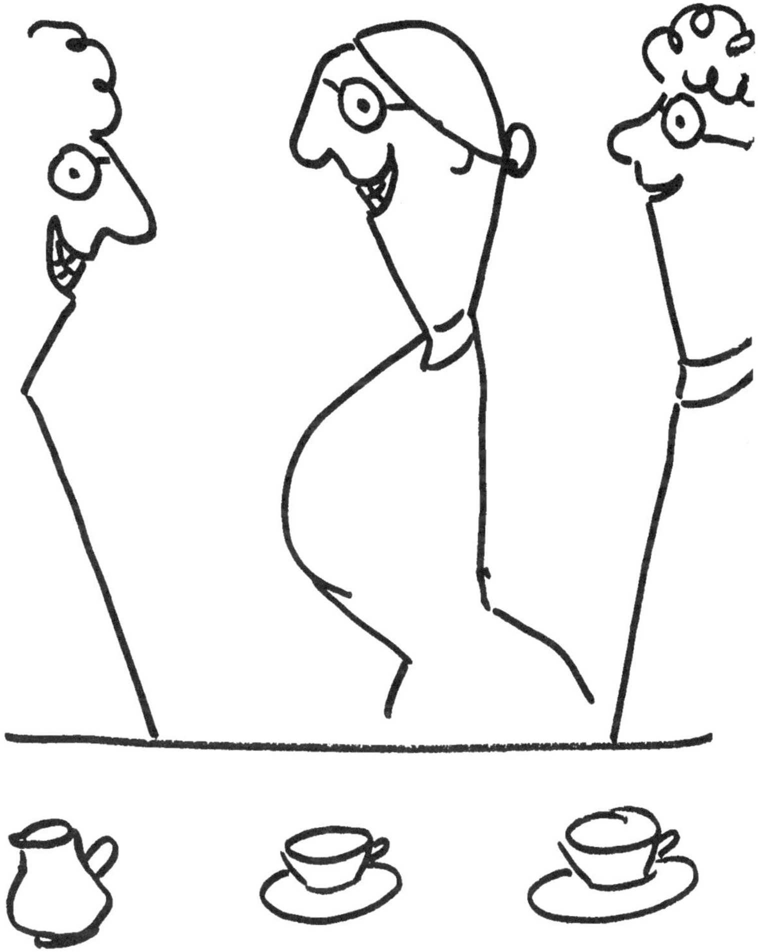

Loblied

Erfinder werden allgemein
gelobt, geehrt, gepriesen.
Sie haben - wie könnt's anders sein -
Verstand und Geist bewiesen.

Herr Otto erfand dazumal
für's Auto den Motor,
der läuft und läuft in großer Zahl
und kommt recht häufig vor.

Edison hat, wie jeder weiß,
die Glühlampen erfunden.
Man braucht sie im Familienkreis
in abendlichen Stunden.

Erfinder gibt's wie Sand am Meer
und was sie auch erfinden,
sie kommen oft von ganz weit her
und mussten sich sehr schinden.

Ihr Projekt wird patentiert
- nicht immer -, meistens schon,
gelegentlich wird's noch prämiert
und geht in Produktion.

Doch meiner langen Rede Sinn
geht auf was andres aus,
es steckt mir halt im Koppe drin
und will da nicht mehr raus.

Vom schönsten Stück Gemütlichkeit
weiß man nicht, wer's erfand,
es gibt's schon seit 'ner Ewigkeit
in beinah jedem Land.

Es steht in jedem Bürgerhaus,
hat meistens eigne Räume,
man streckt sich drauf behaglich aus
und sinkt ins Land der Träume.

Wenn's regnet, hagelt oder schneit
ist es erst richtig nett,
für mich 'ne wahre Seligkeit:
das gute, alte Bett.

Newton war ein großer Mann,
auch Einstein war nicht schlecht.
Es tut halt jeder, was er kann,
oftmals mehr schlecht als recht.

Herr Schopenhauer, wie man weiß,
war genial im Geiste,
und Goethe schrieb - um jeden Preis -
selbst während er verreiste.

Nun bin ich einfachster Natur,
wenn auch nicht grade dumm,
doch seh' ich 'nen Computer nur,
da steh' ich staunend stumm
und schaue mir die Leute an,
die davon was verstehn,
die sich mit Eifer und Elan
trauen damit umzugehn.

Ich koche leidlich, näh' ganz gut
und töpfere dann und wann,
bring' alles unter einen Hut
und freu' mich selbst daran.
Doch wenn's mal etwas technisch wird
- mit Schaltern, Tasten, Knöpfen -,
beginnt mein ärmliches Gehirn
sich restlos zu erschöpfen.

Ein Handy scheint für mich ja schon
aus einer anderen Welt,
manchmal sagt es keinen Ton,
ganz wie es ihm gefällt.
Kommt ein Gespräch von ferne her,
ich soll mit Rolf verbinden,
hauche ich nur „Bedaure sehr,
ich kann ihn jetzt nicht finden."
Ich mein' das Knöpfchen, nicht den Mann,
drück' stets auf das verkehrte,
was Rölfchen nicht begreifen kann,
obschon er mich belehrte.

Dagegen saug' ich munter Staub,
wasche mit Waschmaschine
und bin ganz stolz, dass mit Verlaub
ich selbst den Fön bediene.

Jeder soll tun, was er vermag,
was Freud' ihm oder Pflicht,
ich reime gerne - jeden Tag -,
mit Technik hab' ich's nicht.

Falten? Na und?

Ich sah mich heut' im Spiegel bei Sonnenlicht
und dachte: „Mensch, Lilo, das biste nicht!"
Da machen sich - du liebe Zeit -
allüberall ja Falten breit!
Was zunächst mich begreiflich ein bisschen erschreckt,
hat prompt meinen Sinn für's Reale geweckt.
Ich dachte, es käme ohne meinen Humor
wohl so manche dieser Falten gar nicht erst vor,
denn ältere Damen mit glattem Gesicht
fürchten die Falten, drum lachen sie nicht.
Ich mag mich schon lieber ein bisschen verknittert
als faltenlos und im Herzen verbittert.
Die Falten um die Augen zeugen meistens vom Lachen,
und ich freu' mich nun mal auch über alberne Sachen.
Am allermeisten lache ich
- wie sollte es anders sein - über mich,
über meine vielen Unzulänglichkeiten.
Ich bin vergesslich zu den unmöglichsten Zeiten.
Ich verliere mitten im Satz den Faden.
Gedächtnistraining könnte nicht schaden!
Auch red' ich bisweilen, dann und wann,
Frau Meier mit Frau Müller an.
Manchmal renn' ich nach unten, fröhlich beschwingt,
was mir trotz künstlicher Hüfte vorzüglich gelingt.
Dann steh' ich im Parterre, und es fällt mir nicht ein:
warum bin ich denn runter, was kann das bloß sein?

Ich steige wieder rauf in gemäßigter Weise,
auf der Treppe fluche ich, nicht eben ganz leise.
Oben angekommen, wird es mir klar,
was der Grund für meine Eilfertigkeit war.
Bügeln wollte ich Rolfs geliebteste Hose,
und ein Knopf an derselben ist seit Wochen schon lose.
Ich steig wieder runter, ich bin halt verschroben.
Unten fällt mir dann ein, die Hose hängt oben.
Was soll's! Ich bin alt und trag's mit Humor,
und Schusseligkeiten kommen dann eben vor.
Was die Falten angeht in meinem Gesicht:
Ich meide den Spiegel im Sonnenlicht!

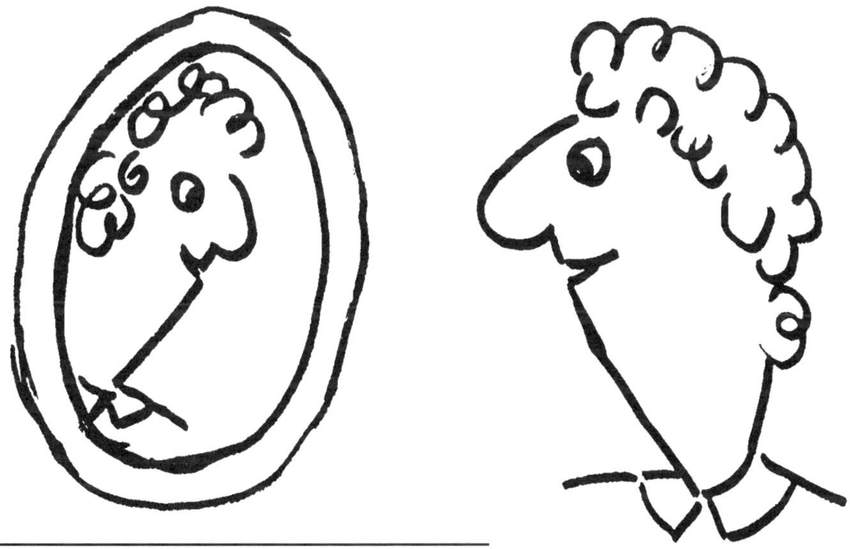

Man trifft in vielerlei Gestalten,
die älteren und die ganz alten.
Es möchten viele jünger sein,
sie halten aufrecht jenen Schein,
der alltäglich sie bereits betrogen,
weil sie in Sicherheit sich wogen,
man hielt' sie allgemein für jung,
gäb' man sich jugendlichen Schwung.
Man kleidet sich nach letztem Schrei,
auch ist der Farbtopf stets dabei.
Die Runzeln werden überstrichen,
bis dass sie beinah' Grübchen glichen.
Doch weh' es blättert - was wahrscheinlich -
die Farbe ab, dann wird es peinlich.
Denn niemand hat es je geschafft,
jung zu bleiben - ungestraft.
Eigenes Gesetz hat die Natur
seit jeher - daran hält sie stur.
Trägt man vielleicht gar Minirock,
ist umso größer noch der Schock.
Man hält die einstmals schönen Beine,
leider nur noch ganz alleine,
für sehenswert und zeigt sie willig,
und dies wirkt ausgesprochen billig.

*Für'n Po 'ne superenge Hose,
wär's besser, diese säße lose,
denn lieber ein paar lockre Falten
über'm Hintern - diesem alten,
als dass die Leute Witze machen
über so 'nen ollen Drachen.
Auch kann man ja die allzu schlaffen
Hautpartien chirurgisch straffen.
Kosmetisch geschehen tolle Sachen,
nur ist es nachher schwer zu lachen,
weshalb man dieses tunlichst lasse,
es gerät leicht zur Grimasse.
Denn was fang' ich mit mir an,
wenn ich nicht mehr lachen kann.
Ich will zu meinen Jahren stehn,
denn auch das Alter ist sehr schön.*

Es drängen manche Zeitgenossen
sich auf Erfolges Leitersprossen
hinauf - und sei es mit Gewalt,
dabei geht's nicht nur um's Gehalt.
Es geht um Titel und um Würden.
Man nimmt die schwierigsten Hürden,
man tritt nach unten, schmiert nach oben,
vergisst nicht, seine Chefs zu loben.
Weh' dem, der sich entgegenstellt.
Man schubst ein bisschen, dass er fällt,
man geht, wenn's sein muss, über Leichen,
nur um das Ziel schnell zu erreichen.
So erklimmt man höchste Höhen
und wird von aller Welt gesehen.
Man sonnt sich nun im hellen Licht
und sieht die eignen Fehler nicht.

Das geht auch meistens lange gut,
man ist ja ständig auf der Hut,
und stets bei höheren Instanzen
bereit, nach deren Pfiff zu tanzen.
Die anderen fragen sich im Stillen:
„Wo bleibt denn da - um Himmelswillen -
Gerechtigkeit und Toleranz?"
Verständnis, Güte fehlen ganz,
Erfolg und Business nur sind wichtig!
Der kluge Mann, der handelt richtig,
wenn er bleibt unten - lebenslang
und trägt's mit Fassung - Gott sei Dank,
freut täglich sich an kleinen Dingen,
wenn Kinder lachen, Vögel singen,
hat oft sogar für Hobbys Zeit.
Mit Nachbarn hat er niemals Streit,
fühlt sich mit Frau und Kind geborgen,
und hat er oft genug auch Sorgen,
möcht' er nicht mit dem Macho tauschen,
sich an Erfolgen nicht berauschen
und mit gesellschaftlichen Zwängen
beharrlich sich nach oben drängen,
weil bei 'ner Leiter irgendwann
auch mal 'ne Sprosse brechen kann.
Denn wer hoch steigt, fällt manches Mal
ungebremst ins tiefe Tal.

Altersweisheit

*Unsere Zeit geht langsam zur Neige
wie der letzte Tropfen im Glas,
wie der verklingende Ton einer Geige
und das Lied einer Grille im Gras.*

*„Wird man im Alter denn weiser?"
hat mich ein Kind mal gefragt,
„Vielleicht nur ein bisschen leiser"
hab' ich darauf gesagt.*

*Viele Dinge sind nicht mehr so wichtig,
man mäßigt die Ungeduld,
und läuft mal was nicht so richtig,
sucht man bei sich selber die Schuld.*

*Auch wird man in Gleichmut sich fassen
und lachen, wo andere schrei'n,
man wird einfach herrlich gelassen.
Auf die Art ist es schön, alt zu sein.*

Alibi

*Herr Derrick fragt: „Wo waren Sie,
Herr X, am 10. Mai?
Was taten Sie, warum, wieso und
wer war noch dabei?"
Wie kommt es, dass Herr X sodann
genau weiß, wo er war,
dass er exakt beschreiben kann,
was wann und wo geschah.
Woher nimmt er die Sicherheit
und die Erinnerung,
- nun gut - er ist vielleicht gescheit
und auch noch ziemlich jung.
Für mich ist sowas rätselhaft,
mir kann das nicht passieren.
Ich hab's von jeher nicht geschafft
so promp zu reagieren.
Nun da ich 75 bin
ist's schlimmer noch denn je,
das bisschen Grips, es geht dahin,
da hilft kein Ach und Weh.
Was lange schon Vergangenheit
aus voriger Epoche,
Erlebnisse aus Kinderzeit
und nicht aus letzter Woche,
das ist auf Anhieb abrufbar
und minutiös genau.
Damit wird wieder einmal klar
„Ich bin 'ne alte Frau!"*

Weiberfastnacht

Es schneit, ist kalt, die Straßen nass.
Die Menschen frieren, Gesichter blass.
Es wird heut' nirgendwo gelacht,
denn gestern war Weiberfassenacht.
Die Damen sind schlapp, die Augen ein Spalt,
kein „Helau“ und „Alaaf“ durch die Straßen schallt.
Gestern, ja gestern ist lange vorbei!
Die Stimmung ist trist und die Glieder wie Blei.
Die Stimme ist nicht mehr so recht zu gebrauchen,
vom Wein und vom Bier, vom Kreischen und Rauchen.
Denn Weiberfastnacht ist nun mal eitel Vergnügen,
oh, ihr Damen, lasst euch nicht unterkriegen!
Die Männer sitzen derweil gemütlich zu Haus
und strecken vorm Fernseher die Beine aus.
Wenn Mutter heimkommt, ist sie wieder ganz zahm,
die Füße tun weh, und das Kreuz ist fast lahm.
Aber einmal im Jahr, so muss es halt sein,
haut sie auf die Pauke, und zwar allein.
Familie spielt an diesem Tag überhaupt keine Rolle,
man kriegt sich mit Mutter tunlichst nicht in die Wolle.
Man lässt sie am Besten ganz friedlich gewähren,
denn schließlich bleibt alles - trotz Gekreische - in Ehren.

„Das Wandern ist des Müllers Lust"
Wir sangen's schon als Kinder,
wir sangen es aus voller Brust
im Sommer und im Winter.
Bisweilen haben wir's heut' noch drauf,
wenn auch nicht mehr so munter,
und nie mehr geht es steil bergauf,
(besser geht's bergrunter),
da pfeift's bedrohlich aus der Brust,
das Herz pumpt, was es kann.
Was hab' ich von des Müllers Lust,
was geht der Kerl mich an.
Ich laufe nur wo's runtergeht,
mit Wandern ist jetzt Schluss.
Wenn mir der Sinn nach Bergluft steht,
dann fahre ich per Bus.

Alles ist relativ

Es rieselt und rieselt der Schnee.
Es schneit schon seit Wochen bei uns auf der Höh'
unschuldig weiß und total blütenrein,
der „Weiße Riese" kann weißer nicht sein.
Es sieht ja ganz schön aus, das muss man ihm lassen,
doch trau ich mich kaum auf die eisglatten Straßen,
denn hat man die 70 erst überschritten,
soll man nicht fallen - das ist unbestritten.

Wie viel anders war doch die Kindheit dagegen,
da kam Schnee und Eis uns äußerst gelegen.
In kratzenden Strümpfen, mit Mütze und Schal
sausten wir mit den Schlitten hinunter ins Tal.
Die Nasen waren rot und die Füße oft nass
die Finger eiskalt - Mensch, war das ein Spaß.
Als Kinder hab'n wir doch niemals gefroren,
heute dringt uns die Kälte in sämtliche Poren.

Damit ist wieder einmal bewiesen,
man soll jede Freude beizeiten genießen.
Was uns damals Winter und Rodeln im Schnee,
ist jetzt gemütlich ein Tässchen Kaffee.
Man trinkt es am Fenster im warmen Haus
und denkt voll Vergnügen „Ich **muss** da nicht raus."

Die Alten

*Wenn die Menschen älter werden,
mehren sich auch die Beschwerden,
was man manchmal, dann und wann,
ein bisschen auch verhindern kann.
Manche machen hier und dort
was ähnliches wie Leistungssport.
Machen Jogging, gehen wandern,
dem einen dies und das dem andern,
weil's dem Alten wenig nützt,
wenn er nur hinterm Ofen sitzt.
Nun ist das Sitzen hinterm Ofen
nicht ausschließlich was für die Doofen.
Denn wenn's regnet, stürmt und schneit,
sorgt dieses für Gemütlichkeit.
Ein Buch, vielleicht auch mal die Glotze,
ein Tässchen Kaffee und - zum Trotze
für alle die dagegen sind -
ein Zigarettchen, leicht und lind,
weil mit Filter und Menthol,
so fühlen sich die Rentner wohl.
Mittagsschlaf wird stets gehalten.
Er ist wichtig für die Alten.
Man schafft im Garten mal ein Stündchen,
kennt jeden Nachbarn, jedes Hündchen,*

*freut sich, wenn man dann und wann
mal ein paar Takte reden kann,
was zwischendurch gut für den Rücken,
denn das pausenlose Bücken
schmerzt in sämtlichen Gelenken.
Schließlich muss man ja bedenken,
es sind die Knochen nicht mehr neu,
und das Rheuma bleibt uns treu.
Auch der Kreislauf wird geschunden
beim Hintern hoch und Kopf nach unten.
Doch das Unkraut muss ja raus.
Wie sieht denn sonst der Garten aus!
Irgendwie muss es doch klappen,
drum jätet man in vier Etappen.
Besser geht das Rasenmähen,
dabei kann man ja aufrecht gehen.
Auch das geht zwar nicht mehr so flott,
gemächlich halt, im Rentnertrott.
Ach, wo ist die Zeit geblieben,
in der wir alle, meine Lieben,
strotzten vor Vitalitäten.
Damals war das Unkrautjäten
'ne Beschäftigung am Rand,
die nicht viel Beachtung fand.*

Doch hatten wir, als wir noch jung,
außer jugendlichem Schwung
höchstens mal im Urlaub Zeit,
zur Muße war man nicht bereit.
Von Terminen stets geplagt,
die uns das ganze Jahr gejagt,
hofften wir im späteren Leben
mög's mal etwas Ruhe geben.
Nun haben wir sie - bitte sehr.
Was woll'n wir Alten denn noch mehr?
Ein nettes Hobby wär' ein Segen.
Es käme uns schon sehr gelegen,
weil's die grauen Zellen trimmt,
wenn dafür man die Zeit sich nimmt.
Lasst Langeweile niemals keimen.
Macht's wie ich - fangt an zu reimen.
Oder macht's wie Rolf. Was tut er?
Er schreibt die Reime mit Computer!

Der Behindertenausweis

Heute geschah das Unerhörte:
Mutter ist 'ne Schwerversehrte!
Auf DIN A4 und vielen Bogen
kam der Bescheid ins Haus geflogen.
Ich fühl mich nun wie 110,
auf dem Passfoto gut zu sehen:
`ne Oma wie im Bilderbuch
mit Krückstock, Dutt und woll'nem Tuch.
Die Brille hängt tief auf der Nase,
unzuverlässig auch die Blase,
Orthopädie an beiden Füßen,
Urgroßmütterchen lässt grüßen.
Dafür kann ich in meinen Jahren
nun kostenlos mit Bussen fahren.
Die Bundesbahn verbilligt Preise,
zum Vergnügen wird die Reise.
Nun kann uns beiden Alten
nichts auf der Welt mehr halten.
Wir fahr'n nach Frankfurt, Köln und Linz
und besuchen Kunz und Hinz.
Wir juckeln fröhlich hin und her
und per Bus im Nahverkehr.
Noch ganz besonders sei betont:
Unser Auto wird geschont!

Meine künstliche Hüfte brachte mir einen Behindertenausweis ein.
Am Tag, als er eintraf, entstand dieses Gedicht.

Liebeserklärung an den Hunsrück

Ich musste, so glaub ich, in früherer Zeit
schon mal auf dem Hunsrück leben,
von Emmelshausen nicht sehr weit,
das hat's damals noch gar nicht gegeben.

Vielleicht war ich 'ne Dinosaurierin,
die in den Wäldern ihr Unwesen trieben.
Diesbezüglich ist jede Möglichkeit drin,
wie von Forschern schon mehrfach beschrieben.

Es wäre auch möglich, es könnte doch sein,
ich war mal ein bisschen von Adel.
Ich lebte im Hunsrück in der Nähe vom Rhein
und war edel und ganz ohne Tadel.

Vielleicht war ich auch 'ne Räuberbraut
von Schinderhannes' Leuten
und habe begeistert Gold und Silber geklaut,
auch 'ne Kuh konnt' ich mal erbeuten.

Kann sein, ich war mal des Dorfschulzen Weib
in Dörth oder Kastellaun,
dem Schulzen ergeben mit Seele und Leib,
mir ist einiges zuzutrauen.

Ich war schon mal ein Leben lang auf dieser Welt,
nicht im Taunus und nicht in der Eifel.
Denn weil es mir hier so unsagbar gefällt,
war's der Hunsrück - ganz ohne Zweifel.

Winterschlussverkauf

Noch übt der Winter strenge Macht
mit Schnee an vielen Stellen.
Und wenn auch mal die Sonne lacht,
den grimmigen Gesellen
wird man nicht los so eins, zwei, drei.
So ist der Zeiten Lauf.
Er ist nun mal noch nicht vorbei
trotz Winterschlussverkauf.
Wer sagt da was von Winters Schluss,
noch schneit es auf den Höhen.
Es treibt das Eis auf Bach und Fluss,
von Frühling nichts zu sehen.
Trotz Kälte stürzt mit Überschall
der Mensch sich in die Menge,
man sieht den Preissturz überall,
es stört nicht das Gedränge.
Wohl dem, der schließlich etwas fand
nach solchen Tages Last,
wenn er's zum halben Preis erstand,
auch wenn es dann nicht passt.

Der besondere Saft

Dieses Gedicht wurde inspiriert durch das Buch von Carmen Thomas über den Urin als natürliches Heilmittel. Unter anderem wurde darin von einem Inder berichtet, der jeden Morgen eine Tasse seines Urins trank und 90 Jahre alt wurde.

Jedem ist die Zeit zum Leben
vom lieben Gott stets vorgegeben.
Mit Pillen, Tricks und solchen Sachen
kann man es auch nicht länger machen.
Man lebt gesund, so gut es geht,
hält auch bisweilen mal Diät
was dem Körper dienlich ist,
wenn er etwas weniger frisst.
Nun lässt es sich ganz leicht beweisen,
dass man beim Pinkeln und beim Sch…
ausscheidet, was dem Leib entbehrlich
und was auch - seien wir mal ehrlich -,
ein Exkrement ist, welches stinkt.
Und wer es dennoch täglich trinkt,
muss sich - aus eben diesen Gründen -
zumindest ziemlich überwinden.
Da hilft's auch nicht, wenn so ein Inder
oder seine vielen Kinder
morgens stets zum Fühstücksschinken
ein nettes Tässchen Pipi trinken.
Gut, er ist 90 Jahr geworden,
doch meine Oma, hoch im Norden,
wurde 94 gar.
Und dieses- es ist wirklich wahr -
ohne vom Pipi zu naschen,
sich drin zu baden oder waschen.
Drum halt ich mich auch künftig dran,
wenn meine Zeit kommt, irgendwann,
dann tret ich ab und bin's zufrieden.
Und alles, was ich ausgeschieden,
das spüle ich erleichtert, froh
jeden Tag durch unser Klo.

Es sind die Menschen wie die Affen
äußerst vortrefflich geschaffen.
Affen können klettern, springen,
der Mensch kann sprechen, sogar singen.
Auch aufrecht geht er elegant,
und im Kopf hat er Verstand.
Letzteres ist bei Primaten
nicht so sonderlich geraten.
Aber eines ist gewiss:
er hat das bessere Gebiss.
Was wir im Lauf von vielen Jahren
diesbezüglich schon erfahren,
ist eigentlich - so sag' ich's mal -
von leiser Pein bis hin zur Qual,
jahrzehntelanges Ärgernis.
Denn es ist schon der erste Biss
im Säuglingsalter kein Vergnügen,
man muss die Dinger erst mal kriegen.
Sind sie dann da, muss man sie pflegen,
gut - ich habe nichts dagegen.
Dass man zum Zahnarzt gehen muss,
schafft zusätzlich noch oft Verdruss,
denn Zahnschmerz -meistens in der Nacht -
hat manchen um den Schlaf gebracht.

Der Zahnarzt bohrt und überkront,
was sich letzlich doch nicht lohnt.
Es rät der gute Mann zu Brücken
um auszufüllen große Lücken.
Ist man zunächst auch äußerst willig,
stellt sich heraus, das ist nicht billig!
Nun muss 'ne Vollprothese her,
die nachts herauszunehmen wär.
Die Krankenkasse zahlt dazu.
Mensch, nun haste endlich Ruh!
Nun mög' man es mir nicht verübeln,
hier gerate ich ins Grübeln,
weil Affen, wie ja längst bekannt,
uns Menschen ziemlich nah verwandt,
höchst selten mal zum Zahnarzt gehn.
Die Zähne bleiben stark und schön.
Da liegt doch der Gedanke nah',
und ich fürchte, es ist wahr,
dass Affenmama, Mann und Kind
unds Menschen überlegen sind.

Sommerhitze

Mittagshitze flimmert über's Land,
kein Lüftchen die Blätter bewegt.
Hummeln summen sich um Sinn und Verstand,
Ameisen huschen erregt.

Sie rennen und trippeln über Stock und Stein,
wie's scheint ohne Zweck und Ziel.
Sie schleppen schwere Lasten in den Bau hinein.
Es wird ihnen nie was zu viel.

Zwei Amseln zwitschern im Vogelbeerbaum
auf allerhöchsten Spitzen.
Auf dem Gartenstuhl schnauft unser Kater im Traum
und sieht zahllose Mäuse flitzen.

Er lässt sie sausen bei Sonnenglut,
wer denkt bei der Hitze an jagen.
Was soll man sich plagen, es geht einem gut
und Whiskas kann man vertragen.

Kinder hocken ermüdet am Straßenrand,
zum Spielen ist es zu heiß.
Selbst die Kleinsten meiden gelangweilt den Sand.
Am schönsten wär jetzt ein Eis.

Die Mütter schnippeln den Obstsalat
und kochen rote Grütze,
denn wer isst schon gern Bratwurst bei 30 Grad
und Bohnensuppe bei Hitze.

Die Alten ruhn sich aus unter'm Fliederbaum,
unter Buchen und Kastanien,
und andere hetzen - man glaubt es kaum -
per Düsenjet nach Spanien.

Oma kocht derweil Kirschen in Gläser ein
und Massen von Erdbeergelee.
Im Winter wird man sich darüber freuen,
im Winter bei Eis und bei Schnee.

So nehmen wir Hitze und Regen und Schnee,
so wie es die Jahreszeit treibt
und weil uns - wie ich das nüchtern seh -
auch nichts anderes übrig bleibt.

Ich denk an dich am Abend, in der Nacht,
ich denk an dich, wenn morgens ich erwacht,
ich denk an dich bei jedem Stäubchen Asche,
ich denk an dich, wenn ich Gardinen wasche,
ich denk an dich, wenn ich die Fenster putze,
ich denk an dich, wenn ich das Bad benutze,
ich denk an dich, wenn ich den Rasen wässer',
ich denk an dich und werde immer blässer,
ich denk an dich in Garten, Feld und Flur,
denn ich muss schaffen, und du bist in Kur!

Mir scheint die Gegend, in der wir leben,
bei weitem nicht mehr so flach und eben.
Man hat - so empfind ich es - über Nacht
noch einige Hügel angebracht.
Früher bin ich flugs zum Briefkasten gerannt.
Er steht auch noch da, wo er immer stand.
Nur scheint mir die Strecke viel weiter geworden,
er steht irgendwie viel höher im Norden.
Die Treppe im Haus war immer bequem,
nicht zu hoch, nicht zu steil, einfach angenehm.
Nun sind wohl ein paar Stufen hinzugekommen,
denn ich schnaufe wie 'ne Dampflok, wenn ich sie erklommen
Den Spiegel im Bad hab ich sorgsam geputzt,
trotzdem scheint er mir ziemlich abgenutzt:
Denn was mir daraus entgegenblickt,
hat mich wahrhaftig nicht sehr entzückt.
Noch eines - dies ist sicher ein Phänomen -,
der Bürgersteig schaukelt, ich kann's nicht verstehen.
Da ist nichts mehr los mit beschwingtem Gang,
ich schwanke wie betüdelt die Straße entlang.
Man braucht eine Stütze, sonst kann man kaum gehen.
Ich hab meinen Rolf, und das ist sehr schön.
Und bin ich mal auf der Straße allein,
muss ein Regenschirm mir Stütze sein,
denn 'nen Stock, wie es meinem Alter entspricht,
nehm' ich, Ihr Leute, noch lange nicht!

Die neue Waschmaschine

*Ich sitz' vor meine neuen Waschmaschine
und schaue fasziniert auf ihr Programm.
Die Wäsche saugt im Schwung und mit Routine
die Seifenlauge auf wie'n trockner Schwamm.
Wo ist die gute alte Zeit geblieben,
- was daran gut war, wüsst ich gern genau! -
wo wir auf Waschbrett rubbelten und rieben,
die Hände wund und meist vor Tag und Tau.
Das Haar, längst jenseits jeglicher Frisur,
hing trostlos rum bei dieser Prozedur
und - als wär so'n blöder Tag nicht schon genug -
kam überraschend oft Besuch.*

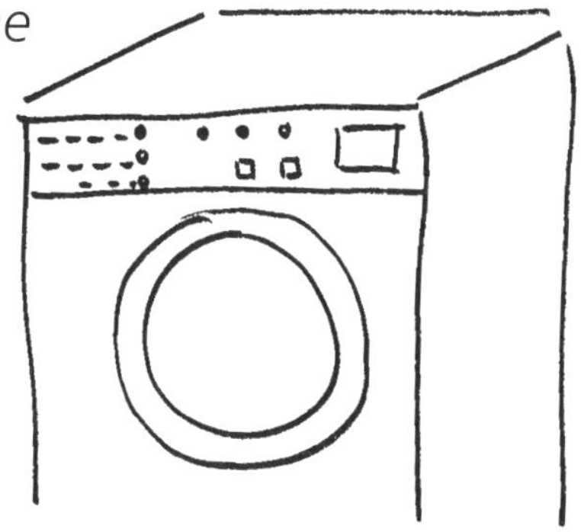

*Heut' drückt man Knöpfchen, stellt auf 60 Grad,
wäscht biologisch, was noch Wasser spart.
Dann schnurrt sie los, ganz leise ohne Klagen,
man möchte meinen, sie tut's mit Behagen
und erfüllt - wie wir einst - ihre Pflicht,
vollautomatisch war'n wir leider nicht.
Die Wäsche wird wie damals blütenrein,
und wird sie's nicht, soll's mir auch schnuppe sein.*

Ein Auto, das aus zweiter Hand
zur eigenen Freude man erstand,
wobei man auch noch dachte,
dass man ein Schnäppchen machte,
zeigte bei der ersten Fahrt,
dass es wohl doch 'ne Macke hat.
Dort, wo von Werkstatt nix zu sehen,
blieb die Neuerwerbung stehen.
Gottlob gibt es ADAC,
der kommt bei Regen, Sturm und Schnee,
und höflich hilft der junge Mann,
wenn man sich selbst nicht helfen kann.
Doch wenn mit grinsendem Gesicht
er mitleidslos die Worte spricht:

„Der Schaden ist nicht allzu schwer,
denn, liebe Frau, der Tank ist leer!"

dann ist das äußerst peinlich.

Mein Trinkgeld war nicht kleinlich!!

Weltgeschichte

*Kommt ein Mensch auf diese Welt,
verkündet, was er von ihr hält
mit Gebrüll und mit Geschrei.
Mütter, die ja meist dabei,
lächeln milde, sanft und gütig,
weil der neue Mensch so wütig,
denn keiner hat ihn je gefragt,
ob ihm die Geburt behagt.
Der Mensch, am Anfang seines Lebens,
protestiert somit vergebens.
Er ergibt sich, wenn er klug,
und ist er schließlich alt genug,
sucht er sich selbst 'nen Partner aus
macht in Familie, Hof und Haus.
Und eines Tages fängt sodann
der ganze Kram von vorne an.
So geht's über Generationen,
allüberall, wo Menschen wohnen.
Und da sich diese schnell vermehren,
- sei's unehelich, sei's ganz in Ehren,
es kommt hier auf die Menge an -
gibt's Reibereien dann und wann.*

Denn bei dieser Menschenherde
wird knapp der Platz auf unserer Erde.
Schwuppdiwupp ein Krieg muss her,
der fegt die Mutter Erde leer.
Die wenigen, die übrig bleiben
es nun wie - siehe oben - treiben.

Was schließt man nun aus dem Gedichte?
Den Vorgang nennt man „Weltgeschichte“.

Lach mal wieder

Man sollte viel öfter mal lachen,
das Leben ist sonst viel zu trist,
sogar über ganz dumme Sachen,
auch wenn einem nicht danach ist.

Kommt ein Kind angerannt um die Ecke
und rennt mit 'nem Eis in dich rein,
denk nicht gleich wutentbrannt an die Flecke,
lach es an, es ist ja noch klein.

Bringt der Sohn mal 'ne 5 mit in Mathe,
und sagt, dass es „nicht so recht lief",
lach ihn an und sage: „Junge, ich hatte
sogar mal 'nen blauen Brief."

Stehst du an 'ner Ampel recht lange,
und du hast einen Zahnarzttermin,
vor dir steht 'ne ganz lange Schlange,
doch die Ampel wird einfach nicht grün.

Ist es dann endlich gelungen
und du denkst: „Gott sei Dank, ich bin dran!",
ist sie wieder auf Rot gesprungen,
denn der Wagen vor dir sprang nicht an.

Schimpf nicht, freu dich lieber von Herzen
und bedaure den Vordermann.
Dem ist nicht nach Lachen und Scherzen,
doch dein eigner Motor springt ja an.

Bilanz

Wenn der Mond am Himmel steht,
der Nachtwind durch die Bäume weht,
wenn man zu den Sternen schaut,
deren Anblick altvertraut,
hat man in lauer Sommernacht
oft schon mal Bilanz gemacht,
weil sich ganz leicht der Bogen spannt
vom Alter bis ins Kinderland.
Dann ist Wehmut oft ganz nah,
weil schnell verrann, was einstmals war.
Hat man vielleicht doch was versäumt,
Träume noch nicht ausgeträumt,
Gedanken nicht zu End' gedacht,
schöne Pläne nicht vollbracht,
gesteckte Ziele, allzu leicht
aufgegeben, nicht erreicht,
nicht geerntet, was gesät?
Nun ist man alt, es ist zu spät.
Lieder, Lachen, Tränen, Klagen
hat der Wind davon getragen.
Melodien sind verklungen,
es bleiben nur Erinnerungen.

Der Engel sprach

*Es ist schon fast 2000 Jahre her,
da sprach der Engel „Friede auf Erden".
Der Engel redet schon lange nicht mehr,
und mit Frieden wird's wohl auch nichts mehr werden.*

*Er hat sich inzwischen wohl abgefunden,
weil die Menschen nicht lernfähig sind.
Weihnacht, das heißt lediglich frohe Stunden
für Vater, Mutter und Kind.*

*Man bekommt eine Menge Weihnachtskarten mit Nikoläusen in Rot.
Man putzt schnell noch die Fenster, kauft den Gänsebraten,
man hetzt und rennt, muss an Kassen warten,
Heiligabend ist man beinahe tot.*

*Der Gabentisch kann die Lasten kaum tragen.
Was man schenkt, ist von „Boss" und „Dior",
unbekannte Marken zu schenken, das kann man nicht wagen,
selbst bei Kids kommt das tunlichst nicht vor.*

*Es gibt Menschen, die unter Brücken wohnen
und Alte, die einsam sind,
hungernde Kinder in heißen Zonen
und viele, die taub sind und blind.*

Irgendwo wird immer geschossen auf Erden
gefoltert, gemordet wie einst.
Wie soll denn da jemals Frieden werden!
Es nützt niemandem, wenn du weinst.

Es packt dich die Wut, und du möchtest brüllen
gegen all dieses Unrecht der Welt,
und dann gehst du in die Küche, um die Gans zu füllen,
denn der Ofen ist schon angestellt.

„Stille Nacht, heilige Nacht“
Was haben die Menschen nur daraus gemacht!
Da dudelt's seit Wochen aus jedem Laden,
denn „Oh, du fröhliche“ kann dem Umsatz nicht schaden.

Da wurde aus „Oh, Tannenbaum“,
dem ehemaligen Kindertraum,
ein hektisches Jagen nach Schnäppchen und Plunder.
Man fragt sich, wo bleibt da das Weihnachtswunder.

Es rieselt vielleicht noch ganz leise der Schnee,
die Glocken, sie läuten wie eh und je.
Doch wer hört sie schon rufen bei all dem Radau
von Radio, Video und von TV.

Die Menschen verdrängen das Elend der Welt:
„Uns geht es doch gut, und wir haben's nicht bestellt!“
Dabei brauchen wir nichts so nötig auf Erden,
wie es möge endlich überall Frieden werden.

Ich freue mich!

Ich freue mich, wenn ich nach langer Nacht
am Morgen gutgelaunt erwacht,
wenn die Sonne scheint, der Himmel ist blau,
wenn Strahlen glitzern im Morgentau,
wenn meine Nachbarin „Guten Morgen“ sagt
und mich nach meinem Befinden fragt,
wenn ein Kind auf dem Schulweg ein Liedchen singt,
ein Eichhörnchen durch die Baumkronen springt,
wenn ein Kätzchen mir um die Beine streicht
und ein Hund mir freundlich die Pfote reicht,
wenn ein Kuchen mir ganz besonders geglückt
und mir jemand eine Karte aus dem Urlaub schickt,
wenn am Waldrand gelb der Ginster blüht,
ein Bussard seine einsamen Kreise zieht,
wenn ein Fohlen über die Koppel rennt
und ein Mensch mich grüßt, der mich gar nicht kennt,
wenn die Lerche singt und ein Sperling piept.
Ich freu' mich ganz einfach, dass es mich noch gibt!

Jung zu sein, das ist nicht schwer,
jung zu bleiben jedoch sehr.
Da kann man machen, was man will,
es steht die Zeit nun mal nicht still.
Es mehren sich auch die Beschwerden,
so ist's nun mal beim Älterwerden.
Man keucht, steigt man die Treppe rauf
und pustet, geht es leicht bergauf.
Die Beine sind wie Blei so schwer,
knien kann man auch nicht mehr.
Versucht man, sich mit Schwung zu bücken,
streikt mit Sicherheit der Rücken.
Doch was sich erst im Kopfe tut,
nimmt einem wirklich oft den Mut.
Da grüßen Leute, die dich kennen,
die dich sogar beim Namen nennen,
und dir fällt nicht ihr Name ein.
Das kann mitunter peinlich sein.
Da sucht man oft 'nen Gegenstand,
den man noch eben in der Hand.
Nun ist er weg, fort und verschwunden.
Bis schließlich man ihn hat gefunfen,
weiß man oft nicht mehr so recht,
wofür man ihn denn haben möcht'.

Geht man dann fröhlich aus dem Haus,
denkt man: „Mensch, ist der Ofen aus?"
Nun kehrt man um, geht nochmal rein,
man hat - wie könnt es anders sein -
den Herd natürlich ausgeschaltet,
die Platte ist schon längst erkaltet.
Jetzt hat die liebe Seele Ruh',
man geht und schließt die Türe zu.
Tritt man 'ne längere Reise an
und ist schon auf der Autobahn,
von Reiselust bereits beflügelt,
denkt man: „Du hattest doch gebügelt?
Ist denn wohl der Stecker raus?"

Kein Kommentar-
Gedicht ist aus.

Lastenausgleich

Arbeit ist für manchen Mann
ein Wort, das er nicht leiden kann,
die er, so sie ihn denn ereilt,
prompt auf 'nen Anderen verteilt.
Dieser macht sich unverzüglich
ans Werk, wenn auch nicht überglücklich,
weil ihm nichts anderes übrig bleibt,
worauf „Mann" sich die Hände reibt
und überheblich lauthals predigt,
wie man die Arbeit schnell erledigt.
Der sie tun muss, stöhnt vernehmlich,
fühlt sich obendrein recht dämlich,
doch schweigt er still, sagt keinen Ton,
hofft letztlich auf der Mühe Lohn.
Der trifft - wie soll es anders sein -
jedoch nie und nimmer ein,
denn es steht zur richt'gen Zeit
der „Verteiler" schon bereit,
kassiert das Lob in vollen Zügen,
wird 'ne Gehaltserhöhung kriegen,
Beförderung ist auch letztendlich
in diesem Falle selbstverständlich.
Titel heimst er ein und Orden,
ist ein großes Tier geworden.
Man trug inzwischen ihn zu Grabe.
Mit Pomp, Gedöns und viel Gehabe
spricht man von dem großen Sohn,
der viel getan für die Region.

Der, der die Arbeit hat verrichtet,
wurde dabei nicht gesichtet.

Was ich dir sagen wollte

Was ich dir immer schon mal sagen wollte,
und nie ergab sich die Gelegenheit,
es ist ein Satz, den man viel öfter sagen sollte,
wenn man, wie wir, so lange schon zu zweit.
Er sagt sich leicht, ist man noch jung an Jahren,
ganz unbeschwert und fröhlich, ungehemmt,
hat man wie wir schon einiges erfahren,
ist man - verflixt nochmal - total verklemmt.

Man redet von Alltäglichkeiten,
ob sich 'ne neue Waschmaschine lohnt,
über Ladenöffnungszeiten,
wo der so hochgelobte Orthopäde wohnt,
soll man sich den Sommermantel kaufen,
obschon's der alte ja noch tut,
müsste man nicht mal ein Stück spazierenlaufen,
die frische Luft tut alten Menschen gut.
Über Neuerscheinungen im Bücherwesen
diskutiert man oftmals sehr erregt
„Hast du schon dies und jenes Buch gelesen?"
und wie man Autolack am besten pflegt.

Doch das Thema, das ich meine,
berührt man niemals - ganz geflissentlich-
dieses, ach, so wunderschöne, klitzekleine
„Guter, alter, bester Schatz: ich liebe dich!"

Später Frühling

„Frühling lässt sein blaues Band…“
Ach, ich kann das Band nicht finden.
Kalter Wind fegt über's Land.
Nix ist's mit Lüften, diesen linden.
Sie treiben sich rum in fernen Ländern,
in Israel und der Türkei.
Bis das klappt mit blauen Bändern,
ist hier die Frühlingszeit vorbei.
Da freut man sich nach langem Winter
auf diese Frühlingsseligleit
und kommt allmählich dann dahinter,
die Sonne nimmt sich hier viel Zeit.
Man sollte in den Süden fahren,
der Kälte einfach mal entfliehn.
Das steht uns zu in unseren Jahren,
dem Frühling kurz entgegenziehn.
Dies hatten wir uns vorgenommen
bei Regen, Schnee und kaltem Wind.
Nun ist der Lenz doch noch gekommen,
und weil wir bodenständig sind,
werden wir zu Hause bleiben,
wo Bäumen um die Wette blühn
und alle Sträucher Knospen treiben.
Selbst unsere Buche ist schon grün.

Zeit

Die Zeit rennt,
es ist schon wieder Advent.
Es ist nicht zu fassen,
sie kann es nicht lassen,
sich so zu beeilen.
Sie mag nicht verweilen,
und langsamer gehn.
Ach, wäre das schön!

Wir kommen nicht mit,
halten nicht Schritt.
Sie rast eins, zwei, drei
an uns vorbei.
Wir woll'n ja nicht klagen,
doch man möchte schon sagen:
„Zeit vergeh nicht so eilig,
Ruhe ist heilig!"
Zeit sagt: „Ich bin keine Schnecke,
bleibt halt auf der Strecke!"
und rennt wie von Sinnen
mit Sturmschritt von hinnen.

Sind wir klug, nehmen wir's heiter,
wir sind ja längst Außenseiter.
Wird das Temperament
von Advent zu Advent
auch etwas geschwächter,
geht's uns doch kaum schlechter,
und von daher gesehn,
ist es auch so noch ganz schön.

Regen trommelt an die Scheiben,
die Nässe glänzt auf dem Asphalt.
Heute werden wir zu Hause bleiben,
es ist uns außerdem auch viel zu kalt.

Die Leute tun mir leid, die schon am Morgen
in aller Früh' zur Arbeit gehn,
unter Regenschirmen ganz verborgen
können sie einander gar nicht sehn.

Wir sitzen hier vor unseren Kaffeetassen
und dehnen viel zu lang das Frühstück aus,
- wobei wir uns von niemand stören lassen -
und sehen stillvergnügt zum Fenster raus.

Die Tageszeitung raschelt leise,
beim Kreuzworträtsel fehlt uns noch ein Wort,
was passierte hier im Heimatkreise,
wer spielte gegen wen im Fußballsport.

Es hat für uns auch mal die Zeit gegeben
voll Alltagsstress und Hetze jeden Tag.
Das ist vorbei, wir freuen uns am Rentnerleben,
und hoffen, dass es noch lang' dauern mag.

Denn wir befinden uns längst auf dem Abstellgleise
und unsere Lok hat kein sehr fernes Ziel,
wir sind recht nah am Ende unserer Reise,
was jetzt noch kommt, ist nicht mehr allzuviel.

So woll'n wir in Gelassenheit bestreiten,
was uns noch überkommen mag,
uns freu'n - trotz kleiner Widrigkeiten -
auf jeden neuen wunderbaren Tag.

Cholesterin

Cholesterin - welch schönes Wort!
Es hört sich an wie'n Urlaubsort
in Mittelmeer-Bereichen,
wie Promenaden, Palmenstrand,
wie heiße Sonne, weißer Sand,
Gelati und dergleichen.

Doch ist inzwischen längst schon klar,
dass da mit Urlaub gar nichts war.
Das Wort klingt nur so südlich,
verheißt im Gegenteil Verdruss,
weil man recht oft verzichten muss,
das ist nicht sehr gemütlich.

Denn alles, was so lecker schmeckt,
hat Fette, raffiniert versteckt,
die strengstens untersagt.
Na gut, es ist so manche Freud
nix mehr für uns alte Leut,
da werden wir nicht gefragt.

Man verkneift sich mancherlei,
Schokolade, Frühstücksei,
ernährt sich von Salaten,
isst Spinat und Blumenkohl,
meidet auch den Alkohol,
sowie den Schweinebraten.

Schwarzbrot, Müsli, Kräuterbrei,
Magerquark ist stets dabei,
doch niemals Sahnetorten,
Kaffee ohne Coffein,
jede Menge Medizin
und Tees diverse Sorten.

Namen sind sowohl als auch
weiter nichts als Schall und Rauch
und können leicht verwirren.
Es hat manch' Gegenstand der stinkt,
'nen Namen, der vorzüglich klingt.
So kann der Mensch sich irren.

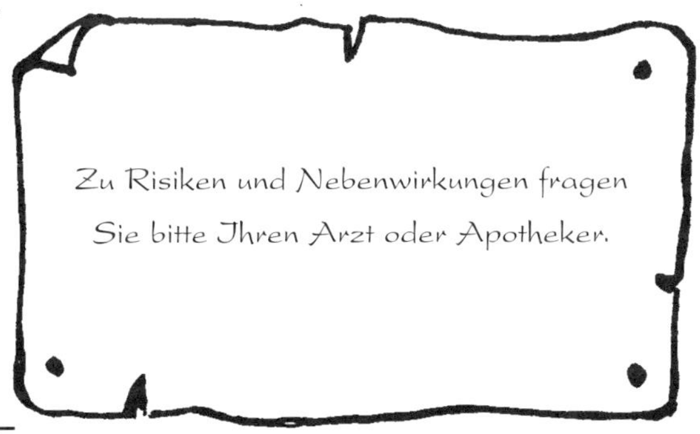

So isses nun mal!

Mit 18 wünschte man sich sehr
man wäre älter und wär' schon wer.
Man träumt von Ruhm und von Karrieren,
vom großen Geld und hohen Ehren.

Ist man endlich um die 30,
schafft beharrlich, stur und fleißig,
meint, dass man doch irgendwann
auf seinen Lorbeern ruhen kann.

Bis dahin ist es noch sehr weit,
es bleibt der Stress, doch rennt die Zeit.
Der 40 folgt die 50 schon,
noch immer nix mit der Pension.

Statt dessen zeigt man auch privat,
wer man ist und was man hat.
Hält bei Partys höchst manierlich
das Champagnerglas ganz zierlich,
derweil man es zum Munde führt,
wobei der Lippenstift verschmiert.

Der enge Rock, recht hoch geschlitzt,
kneift in der Taille, wenn man sitzt,
doch lächelt man, wie es der Brauch,
die andren tun es schließlich auch.

Man wünscht sich frei von diesen engen
lästigen Gesellschaftszwängen,
täte lieber, wenn's denn ginge,
lauter kleine, dumme Dinge,
spränge über Zäune, Bäche,
sänge Lieder - lauter freche -.
Nur einmal möcht' man ganz rasant
motorradfahren, quer durch's Land.

All die Sachen, die letztendlich
für junge Leute selbstverständlich,
täte man so schrecklich gerne,
doch dies liegt in weiter Ferne.
So wird man auf der Lebensreise
fast unbemerkt, weil still und leise,
60 und auch 70 gar,
und plötzlich wird es einem klar:
„Mensch, das war's ja schon - oh Schreck -
wir sind ja längst vom Fenster weg!"

Man hat zwar eine gute Rente,
die man mit Lust verbraten könnte.
Jetzt könnt' ein Mountainbike man kaufen
und mit Inlineskatern laufen,
die vielen Wünsche, diese stillen,
sich ganz ungeniert erfüllen.
Doch dafür ist's, wie das so geht,
nun leider, leider viel zu spät.

Goldene Hochzeit

Weil heute unser 50. Hochzeitstag ist,
stehn wir hier in Festtagsmontur.
Ein Blick in den Spiegel - es sitzt das Gebiss
genauso gut wie die Frisur.

Mein Kleid ist neu - dein Anzug nicht,
doch passt er wie eh und je.
Es sind ein paar Falten in unserem Gesicht,
mich drücken die Schuhe am Zeh.

Die Falten, sie stör'n nicht, sie gehören dazu
wie unser silbern glänzendes Haar.
Wenn ich uns betrachte sind wir, ich und du
doch ein nettes, älteres Paar.

50 Jahre - das ist schon so unendlich weit,
da war'n wir noch knackig und schön,
was heute noch knackt - du liebe Zeit -,
sind allein unsere Knie beim Gehen.

Nun genießt, Ihr Gäste, das Festtagsmenue
und bringt einen Toast auf uns aus
und feiert gemütlich bis morgen früh.
Wir gehn dann inzwischen nach Haus.

Ausrutscher

Ist man alt, du liebe Zeit,
fehlt's einem oft am nöt'gen Schneid.
Selbst 'ne Straße - regenfeucht -
einem unfallträchtig deucht.
Treppen man bedachtsam steigt,
weil's zum Springen nicht mehr reicht,
das Geländer fest im Griffe,
bedient man sich so mancher Kniffe.
Man lehnt sich an, statt frei zu stehen,
stützt auf den Schirm sich leicht beim Gehen.
Muss man mal etwas schneller laufen,
vermeidet eisern man zu schnaufen.
Bleibt stehen auch mal dann und wann,
sieht sich verzückt die Landschaft an,
obschon von Landschaft keine Spur,
da, wo man steht, ist nix Natur.
Und dennoch - eh' man sich versieht -
schließlich doch etwas geschieht.
Man rutscht bei sich im eignen Haus
mit Schwung und Schmackes einfach aus,
bricht sich die Hüfte, kriegt 'ne neue.
(Nun hab' von diesen ich schon zweie!)
Man sieht, wie immer man's auch macht:
Was mir vom Schicksal zugedacht,
das tritt auch ein, drum nehm' ich's hin.
Kann sein, es hat 'nen tief'ren Sinn,
der im Moment mir noch verborgen.
Nun ja, vielleicht weiß ich ihn morgen!

Willi Birgel, Gustav Fröhlich, Willi Fritsch und Hilde Krahl,
Marikka Röck, Zarah Leander, Ilse Werner allemal,
Heinrich George und Hans Albers war'n die Helden unserer Zeit,
über die Beliebtheitsskala gab's oft mit der Freundin Streit.
Sonntagnachmittags um fünfe standen wir oft lange an,
viel zu früh und sehr in Angst, dass der Film ohne uns begann.
Wir saßen in der ersten Reihe, weil es sonst zu teuer war,
dadurch waren wir den Helden schließlich auch besonders nah.
Wenn die Paare sich nicht kriegten, hat uns das schon arg bedrückt,
gab es jedoch ein Happyend, waren wir zutiefst beglückt.
Etwas später ging man schon mit 'nem Freund gelegentlich,
wenn dann die Beleuchtung ausging, hielt man an den Händen sich.
Man hielt den ganzen Film hindurch, geschlagene zwei Stunden,
die Hände schwitzten fürchterlich, wir haben's nicht empfunden.
Gingen dann die Lichter an, der Film war leider aus,
ging man Hand in Händchen zwar, doch völlig brav nach Haus.
Vor der Haustür - höchstenfalls - gab's einen scheuen Kuss,
wie man's bei Willi Fritsch gesehen, bevor man scheiden muss.
Das war beinah' äußerst gewagt, manch Herzchen hat getobt,
und wenn der Freund von dannen ging, fühlt man sich fast verlobt.

Trauer um Felix

Ein Freund ist ein Freund, und wenn er mal scheidet,
dann ist das etwas, worunter man leidet.
Man hatte Vertrauen, die Liebe war groß,
nun geht er von dannen, und man ist ihn los.
Man winkt ihm noch nach, die Augen voll Tränen,
die keiner soll sehn und niemand erwähnen.
Immer wieder gedenkt man der schönen Stunden,
die man erlebt und mit ihm gefunden.
Sein Name war „Felix", was der „Glückliche" heißt.
Ich war es ja auch, als ich mit ihm gereist.

Der Not gehorchend und dem eigenen Triebe
verkauft ich mein Auto, obschon ich es liebe.
Ich fühl' mich zu alt, um selbst noch zu fahren,
und mein „Felix" ist doch noch so jung an Jahren.
Ich fange ab heute ganz neu nochmal an
und fahre mit Bus und Bundesbahn.

Schöne Bescherung

*Kerzen schimmern sanft und milde,
am Klavier sitzt Tante Hilde,
spielt „Oh, Tannenbaum".
Papa klimpert am Computer,
im Ofen schmort der Festtagsputer,
Mama sieht man kaum.*

*In der Ecke schmollt Hans-Peter,
die begehrten Inlineskater
hat er nicht gekriegt.
Klein-Sabinchen macht voll Wut
das neue Würfelspiel kaputt,
denn würfeln mag sie nicht.*

*Opa, in der Sofaecke,
krümelt auf die Weihnachtsdecke,
stopft sich mit den Plätzchen voll.
Oma meckert unterdessen,
Opa soll nicht soviel essen,
weil's Abendbrot gleich geben soll.*

*Mama schuftet drin am Herd
stillverbissen wie ein Pferd
am festlichen Menue.
Während noch der Puter brutzelt,
ist das Gemüse schon verhutzelt.
Die Stimmung ist perdu.*

*Hilde nippt vom Wein ein Schlückchen,
probiert vom Marzipan ein Stückchen,
nur Mama ist k.o.
Schließlich wird das Festtagsessen
doch noch mit Appetit gegessen.
Mama ist jetzt wieder froh.*

*Und Hilde, die inzwischen satt,
spielt beseelt vom Notenblatt.
Sie spielt sogar bei dem Dessert
„Vom Himmel hoch da komm ich her".*

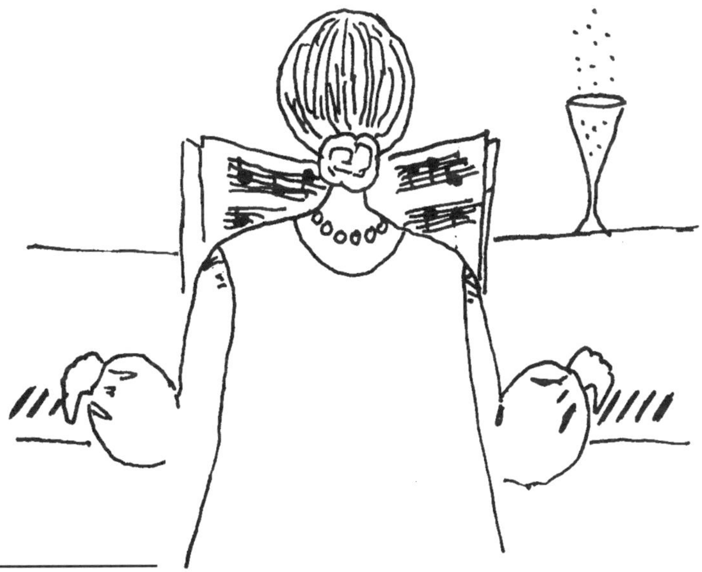

Hat man erstmal mit aller Kraft
die 75 Jahr' geschafft,
stell'n sich diverse Zipperlein
täglich, ja selbst stündlich ein.

Schon beim Aufstehn in der Früh
zwickt es plötzlich dich im Knie.
War man noch gestern ohne Schmerzen,
hat man's heute mit dem Herzen.

Grauer Star und Ischias,
auf die Blase kein Verlass.
Treppen steigen macht Verdruss,
weil man nach Atem ringen muss.

Kartoffel schälen fällt dir schwer,
Rheuma im Daumen quält oft sehr.
Vielleicht ist es sogar die Gicht.
Nichts Genaues weiß man nicht.

Schuhe, die bisher zu weit,
kneifen sehr in letzter Zeit,
denn besonders über'm Spann
schwellen dir die Füße an

Doch die schlimmste aller Plagen,
lässt dich manchmal schier verzagen
und bringt dich in Verlegenheit.
Das ist die Vergesslichkeit.

Auch das stete Blutdruck messen
soll man besser nicht vergessen,
denn ehe man sich hat versehen,
klettert er in höchste Höhen.

Oder während nachts wir schliefen,
sank er in die tiefsten Tiefen.
Dies - das andere Extrem -
ist genau so ein Problem.

Nur an den Zähnen - welch Vergnügen -
kann man Schmerzen kaum noch kriegen.
Denn schmeißt man abends sie ins Glas,
macht das Altsein richtig Spaß.

Gestern war er noch so klein,
heut' macht er den Führerschein,
Gestern noch im Babybett,
heut' surft er im Internet.
Enkel werden gnadenlos
unbemerkt einsachtzig groß.
Und Omas sind - ich muss das wissen -
von diesen Knaben hingerissen!

Zweisamkeit

Mein größter Wunsch für alle Zeit
sind Harmonie und Einigkeit.
Ein Leben lang sich gut verstehen,
fair miteinander umzugehen,
auch bei kleinen Zwistigkeiten,
den Streit nicht unnütz auszuweiten,
und jeden Tag zusammen lachen,
auch über ganz banale Sachen.
Selbst Kummer, Sorgen, Traurigkeit
sind halb so schwer, ist man zu Zweit.
Sich gegenseitig Halt zu geben,
ist wohl das höchste Glück im Leben,
und mehren sich auch die Beschwerden:
schön ist's gemeinsam alt zu werden.

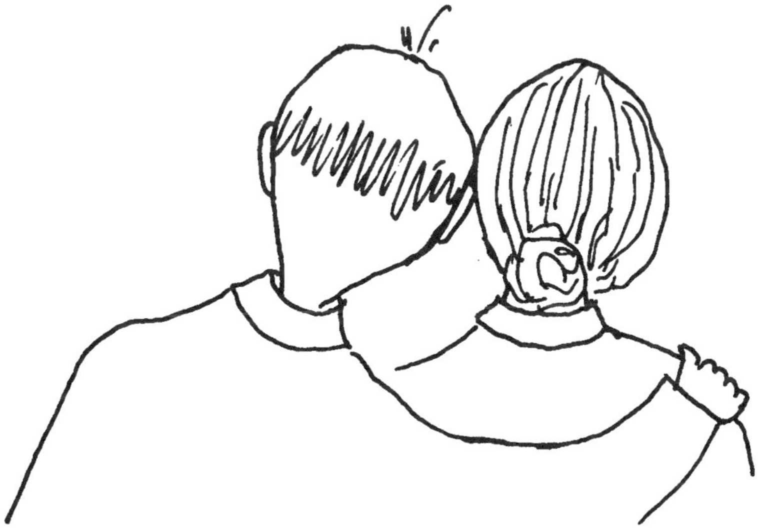

Ich ging den Weg, der mir ward vorgegeben,
ich ging ihn mit vorwiegend heiterem Sinn.
Er war nicht immer asphaltiert und eben,
es war zum Stolpern manch ein Schlagloch drin.

Er führte über Höhen und durch Tiefen,
durch Regen und durch sonnenwarmes Gras,
und meine Füße, die mal trödelten, mal liefen,
wurden dabei oft ein bisschen nass.

Berge gab's, die ich so gern erklommen,
die unbezwungen blieben, weil zu hoch.
Ich hab' mit kleineren Vorlieb genommen,
ein Stückchen Hoffnung bleibt ja immer noch.

Ich hab' geträumt, gewünscht, oft auch vergebens,
und was mir jetzt auch noch begegnen mag,
ich hab' gelebt, wie man am Ende eines Lebens
sich wünscht, gelebt zu haben - jeden Tag.

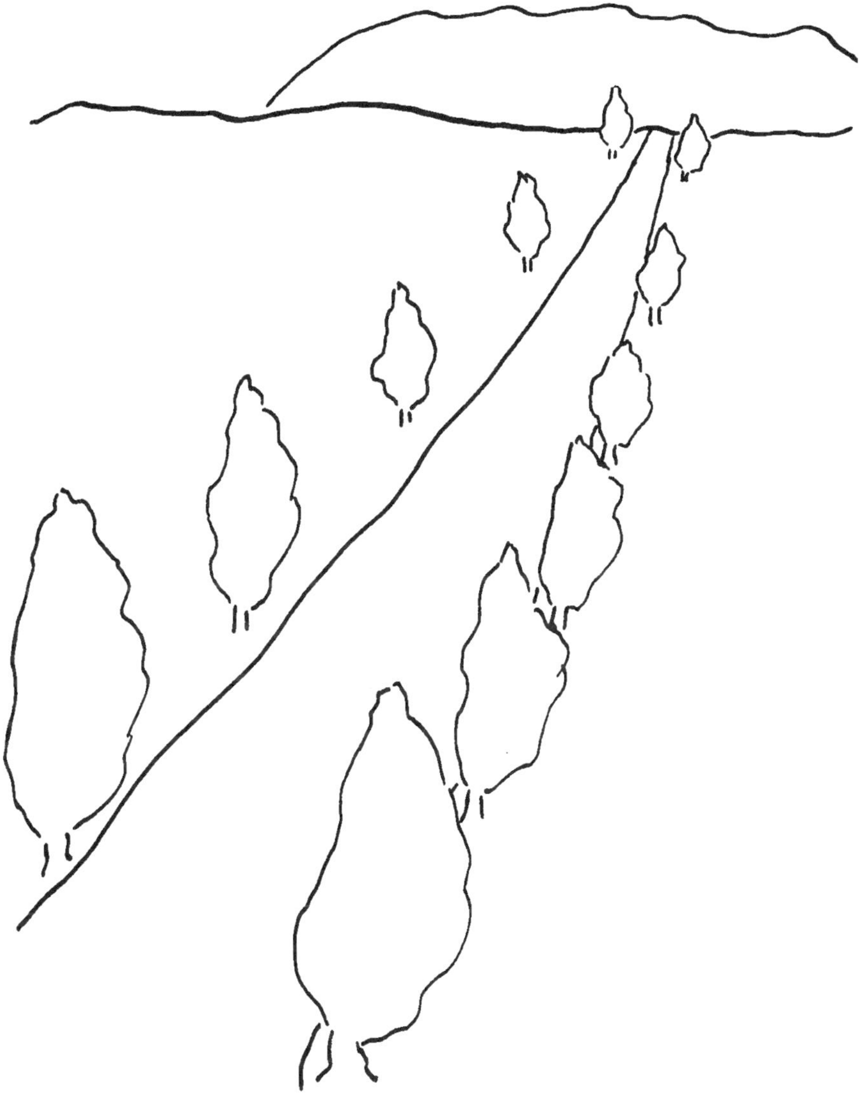